BERLIN-
Beschimpfung

von Björn Kuhligk

Für Christine

Wir sind viele und wir haben Stress. Wer langsam geht, behindert uns.

Wir bewegen uns auf der Überholspur. Von morgens bis abends haben wir Berufsverkehr und rennen der U-Bahn hinterher, weil die nächste erst in drei Minuten kommt. Wir haben Staatsbesuche und Fanmeilen. Wir haben Vorbildfunktion und eine Million Ansprüche auf Wohnberechtigungsscheine, was sowieso völlig egal ist, weil es für diese Scheine gar keine Wohnungen gibt. Auf unseren Autos steht ein B wie Bundestag, B wie Bärenkacke, B wie Broiler, B wie Betriebsunfall. Hier reguliert sich alles von allein. Wäre Berlin ein Mensch, wäre er, es wäre ihm zu wünschen, in therapeutischer Behandlung. Wer dem Regierenden Bürgermeister was schreiben will, schreibt ans Rote Rathaus. Die Bevölkerungsdichte liegt bei über 4100 Menschen pro Quadratkilometer und bei dieser Erhebung müssen Sie bedenken, dass es durchaus unbesiedelte Waldgebiete wie den Grunewald oder die Müggelberge gibt. Da geht man dann hin, wenn man seine Ruhe haben will und trifft all die anderen, die auch ihre Ruhe haben wollen.
Ich bin in Berlin geboren. Durch meine Venen pumpt 100 Prozent Berliner Suppe, was nicht stimmt, aber eine klare Abgrenzung schafft. Höre ich jemanden mit

feucht-glänzenden Augen von Berlin schwärmen, zucke ich zurück. Alles geil, alles immer offen, Party bis zum Gehtnichtmehr. Die Häuser hoch, alles dicht an dicht, so wahnsinnig groß und bunt, toll und krass, hier geht alles und nichts muss. Das kulturelle Angebot, die immer geöffneten Spätis mit den meterlangen Kühlschrankfronten, der DFB-Pokal, der Karneval der Kulturen und auch noch Silvester am Brandenburger Tor. Kaskaden der Begeisterung, absoluter Jubel im inneren Gehäuse und sie kommen alle wieder, immer wieder. Ich mag diese Stadt, sonst würde ich hier nicht wohnen. Und doch frage ich mich mehrmals in der Woche, warum ich mir diese Stadt antue, meinem Körper, meinem Seelenheil. Klar, Hamburg ist versnobt, in München sprechen sie Dialekt, in Köln verkleiden sich Menschen, Frankfurt ist hässlich, in Leipzig sprechen sie Dialekt, in Dresden wurde erst die Eierschecke und dann PEGIDA erfunden. Und in Berlin ist das alles irgendwie in Potenz vorhanden. Vielleicht ist Berlin auch einfach nur der ideale Ort, um einen Abschnitt seines jungen Lebens zu verbringen. Aber hier leben? Bis es nicht mehr geht? Mit Hingabe und Begeisterung? Bisschen anstrengend das Ganze. Falls Sie es noch nicht wissen: Berlin liegt auf der Nordhalbkugel der Erde, irgendwo im märkischen Sand, hinter zwei, drei Kiefern, im Berliner Urstromtal. Wenn Sie schon hier sind – um so besser. Wenn noch nicht – Sie

werden es nicht verfehlen, egal, aus welcher Himmels-
richtung Sie kommen. Sie fahren dahin, wo alle anderen
auch hinfahren. Berlin ist dort, wo die vielen Häuser
sind, wo es laut ist und stinkt. Da kommen Sie einfach
hin. Wir sind schon da. Sie müssen dafür natürlich das
Berliner Umland durchqueren. Das Berliner Umland heißt
offiziell Brandenburg und ist ein Bundesland und in
seiner Gesamtheit ungefähr so aufregend wie ein Quadratkilometer Beton.

Ich bin dort, wenn ich in die Natur will und ich will oft in die Natur.

Ich kenne es gut, es gibt nichts anderes. Manche Ecken
sind partiell auch ganz schön. Andere wieder erwe-
cken in mir eine Gleichgültigkeit, die ich selten bei einer
Landschaft verspüre, und es soll Menschen geben, die
sich mit ganzer Leidenschaft für dieses Bundesland begeis-
tern können. Nichts für ungut, muss es auch geben. Es
gibt bestimmt auch Menschen, die machen für ganze drei
Wochen Urlaub in Lichtenberg oder Steglitz. Muss es auch
geben.
Der Name Berlins ist slawischen Ursprungs. Brl bedeutet
so viel wie Sumpf oder Morast, die Endsilbe -in nichts
anderes als Stadt am oder Stadt im. Berlin ist demnach

also die Stadt am Sumpf, die Stadt im Morast oder wie auch immer. Ich fuhr mal mit einem Kinderarzt, den ich nicht kannte, mit einem Miet-Cabrio durch einen Sturm von Hannover nach Berlin, was eigentlich eine ganz andere Geschichte ist. Weil der Kinderarzt ein etwas hektischer Zeitgenosse war, und einfach mal ein paar Knöpfe drückte und wir dann nicht wussten, wie wir es wieder korrigieren konnten, dirigierte uns das Auto in Zimmerlautstärke auf tschechisch nach Berlin in Schleswig-Holstein, in dem ungefähr 600 Menschen leben, während wir zu der Stadt im Morast fuhren. Berlin gibt es weltweit 118-mal und natürlich leben wir im Original, auf der Höhe der Richtigkeit. Alles andere ist Fälschung, Nachahmung, mieser Abklatsch. Im Original gibt es das Columbiabad, ein Freibad, das sich auf der Grenze von Neukölln zu Kreuzberg befindet. Dort reitet im Hochsommer immer wieder die originale Berliner Polizei mit einer Hundertschaft ein, um den Badebetrieb wieder herzustellen. Der Kreuzberg, der fast nebenan vom Columbiabad steht, ist ebenso original. Da stieg schon 1525 Kurfürst Joachim I. mit seinem Gefolge aus Angst vor einer angeblich herannahenden Sintflut hinauf und dann war es doch nur eine Vernichtungsfantasie. Der Große Müggelberg ist auch echt, ebenso der Havelberg, naja, ein paar der Berge sind echt. Der Rest der Berge, die zwar Berge genannt werden, aber keine Berge sind – wir sprechen hier von maximal

7

120 Meter Höhe –, bestehen aus Weltkriegstrümmern oder Müll, überschüttet mit Erde. Irgendwann wurden sie bepflanzt und irgendwann mit Wegen überzogen. Ach ja, das ist schon nett, aber es ist so vieles nett, dass es auch schon wieder ein bisschen egal ist. An warmen Abenden ist die Welt zu Gast in Kreuzberg, in diesem Bezirk, der noch immer dazu dient, Menschen, die nie aus der Provinz herausfanden, auch wenn da gar keine Provinz war, grundlegend zu schockieren. Verblüffend ist auch immer wieder, dass die meisten diesen Bezirk lebend verlassen.

Natürlich kommt jetzt gleich irgendein Schlaumeier um die Ecke, weil Schlaumeier immer hinter Ecken lauern, und sagt:

Was wohnst Du auch in dieser Stadt? Zieh doch woanders hin, wenn es Dir da nicht gefällt!

Und ich kann nur antworten: Ich finde es ja gar nicht so schlecht, mir liegt die Zuneigung zur Hässlichkeit in den Genen. Ich bin Ureinwohner, die Unfreundlichkeit rauscht mir von Geburt an durch den Körper. Außerdem haben die Kinder, was die Kinder sicherlich gar nicht gerne hören, weil sie ja mittlerweile Heranwachsende geworden sind, zumindest jugendlich und fast erwachsen, haben also die Jugendlichen hier ihre Freunde und die Schule und lieben das reichhaltige Angebot von anderen Jugendlichen, Einkaufsläden, Spätis und Verkehrsanbindungen. Aber eines kann ich Ihnen sagen: Wenn sie aus dem Haus sind, bin ich weg hier. Naja, wer weiß. Immer wieder überlegen wir, wohin wir dann ziehen könnten. Unbedingt dorthin, wo es ruhiger ist, unaufgeregter, mit weniger Menschen. Ich habe in meinem Leben schon so viele Menschen gesehen und mit ihnen öffentliche Räume geteilt, dass ich eigentlich keine Menschen mehr sehen muss. Und doch ist diese, genau diese eine Menschenzusammenrottung der Ort, mit dem ich mich verbunden fühle. Nirgendwo sonst kann ich besser wachsen und gedeihen, auch wenn diese Bewegungen nicht mehr allzu aufstrebend sind. Bei diesem Prozess ist das Klima allerdings nicht hilfreich. Der Berliner Winter geht von Oktober bis April. Im Januar sagt dann irgendjemand, dass es jetzt auch langsam mal reicht. Bis Ende Februar haben sich alle darauf eingestellt, dass es bleibt, wie es ist, nämlich mies. Dann sagt mein Freund F., und er sagt es wirklich jeden Winter, dass er eine Winterdepression habe, und dann dauert es eben noch zwei Monate. In den Wintermonaten weht mitunter arktische Luft aus Westsibirien nach Berlin, was alle unangenehm, aber auch irgendwie aufregend und auch ein bisschen toll finden. Die Zeitungen schreiben dann von „eisiger Ostlage", dem

„Kälteknaller" und der „Kältepeitsche". Ist es kalt genug, laufen wir dann mit tausenden anderen Menschen über zugefrorene Kanäle von Bezirk zu Bezirk und die Schlitten sind ausverkauft. Deshalb schreiben dann manche Berliner Tageszeitungen Artikel darüber, dass die Schlitten ausverkauft sind und wo die letzten frei verkäuflichen Exemplare von ganz Berlin gesichtet wurden. Aber, ganz ehrlich, man könnte Berlin für diese Monate auch einfach dichtmachen. Es herrscht so oder so Kelleratmosphäre. Der Himmel ist mit einer verdreckten Platte zugenagelt, die Tag für Tag und Meter für Meter immer näher zu kommen scheint. Das wenige Licht zwischen Nacht und Nacht, einem Hoffnungsschimmer ähnlich, ist die letzte Funzel zwischen Ihnen und Ihrem Nächsten. Kurzum: Im Winter hat Berlin sehr, sehr schlechte Laune, noch schlechtere als sonst. Spätestens im Mai ist dann wieder Sommer und wir haben uns alle wieder beruhigt. Kommen die ersten Sonnenstrahlen, sitzen die ersten bei 5 Grad Celsius mit Sonnenbrille und Strohhalm im Gesicht auf irgendwelchen zusammengezimmerten Palettenmöbeln. Der Mensch ist wieder da, zurück aus seiner eingedunkelten Wohnung. Vorboten des Grauens sind es, denn jene Gestalten würden auch überall sonst Sonnenbrille und Strohhalm tragen. Wie wohl haben sie den Winter verbracht? Im Sommer werden dann bei uns Filme und Serien gedreht. Unsere

19 Uhr Fernsehen

Stadt ist so schön und aufregend und im Arsch, dass sich jede Einstellung lohnt. Ganze Straßenseiten sind tagelang von Catering-, Garderoben- und Technik-Fahrzeugen belegt. Junge Menschen mit Ausweiskarten um den Hals, die beweisen, dass sie Teil dieser kleinen Invasion sind, lungern in Hauseingängen herum, sprechen hin und wieder in Walkie-Talkies, nippen am Kaffee und alles sieht ein bisschen nach Filmpark Babelsberg aus. Aber es ist nicht mal das, sondern doch nur wieder irgendwas, was um 19 Uhr im Fernsehen läuft, dieser Erfindung, die auch irgendwie an Berlin erinnert: etwas, das niemand mehr braucht. Gewalttätige Serien werden bei uns auch gerne gedreht, weil sowieso alles bereits eine gewisse

Dringlichkeit aufweist: die Stadt, die Menschen, die hier leben, das soziale Umfeld. Da muss gar nichts mehr aufgebaut werden, die Kamera wird in irgendeine Straße gehalten und überall diese unglaubliche Struktur der Gewalt.

Und überall Autos, nichts als Autos, ein stetes Rauschen, völlig irre.

Südamerikanische Großstädte, allen voran die kolumbianische Hauptstadt Bogotá, machen es vor: Seit zwei Jahrzehnten sind sonntags zwischen 7 und 14 Uhr die Innenstädte für den Autoverkehr gesperrt. In der Innenstadt von Oslo wurden 2015 alle Parkplätze abgeschafft, was zu einer Entlastung und zu einem zehnprozentigen Anstieg der Besucherzahlen des dortigen Einzelhandels führte. In Berlin würden nach einer solchen Entscheidung in synchroner Bewegung der Regierende Bürgermeister, CDU und FDP implodieren. Und wenn sich der aus deren Öffnungen herausgedrungene Rauch verzogen hat, werden wir bemerken, dass mit der Stadt gar nichts Schlimmes passiert ist. Berlin ist dämlich. Berlin liebt Autos. Als die letzte Verkehrssenatorin die Friedrichstraße zeitweilig für Autos sperren ließ, gab es einen Aufruhr, als ob der Senat angekündigt hätte, dass am übernächs-

ten Montag alle in Privathaushalten eingesetzten Kühl-
schränke eingesammelt werden. Die Berliner Innenstadt
tagsüber mit dem Auto zu befahren, ist völlig unsinnig,
es sei denn, man sitzt gerne in diesem eigenen Raum,
wartet im Stau und sieht den Fahrrädern zu, wie sie an
einem vorbeifahren. In einer Berliner Tageszeitung stand
zu diesem Thema: „Dann gibt es auch politische Kräfte,
die den Autofahrern immer mehr Fahrspuren auf den Straßen wegnehmen, um sie den Radfahrern zu schenken.
Damit steigt auf der einen Seite der Frust und auch die Ag-
gressivität nimmt ganz klar zu." Diese Argumentation
ist so doof, dass sie bis in den Berliner Himmel stinkt.
Zu alldem möchte ich hiermit klarstellen: Ich bin zwar
keine politische Kraft, aber immerhin nah dran, und ich
möchte als Radfahrer noch viel mehr Fahrspuren geschenkt bekommen – bis mir die ganze Stadt gehört. Weil
das nicht sofort machbar ist, wird die Innenstadt in
einer Übergangzeit ein kompletter verkehrsberuhigter Be-
reich, bis diese Honks keinen Bock mehr haben, mit
Tempo 20 zum nächsten Bio-Edeka zu fahren. Wer außerdem einen SUV lenkt oder sein Eigentum nennt, einen
dieser Privat-Panzer, eine dieser Kompensations-Schüsseln,
sollte zudem unter einem 300-stündigen sozialen Ar-
beitseinsatz nicht wegkommen, und wem das zu autoritär ist, dem ist es zu autoritär, mir piepe, danach Fahrrad für immer. Ich stand neulich vor einem Späti und

13

schloss mein Fahrrad ab. Vor dem Späti standen drei Männer, ein vierter parkte sein Auto davor und kam hinzu. „Dein neues Auto?" Er nickte und schüttelte den dreien die Hände. „Soll ich Fahrrad fahren oder was?" Ich sagte: „Warum nicht?" Er drehte sich in meine Richtung und sagte: „Und wie soll ich nach Brandenburg kommen?" „Du fährst nicht nach Brandenburg!", sagte ich. Die vier lachten. Klar, Brandenburg ist weit weg, ebenso die Idee, auf Fahrrad, Bus und Bahn umzusteigen. 2015 etablierten die Berliner Verkehrsbetriebe eine aggressive Haltung mit einer Werbekampagne, die mit dem Slogan „Weil wir dich lieben!" und einem Song Aufmerksamkeit bekam. In dem Song werden im Sprechgesang Dinge aufgezählt, die in Bahn und Bus passieren können – jeweils neutralisiert durch das refrainartige „Is mir egal", das sich nahtlos an den Ausspruch „Arm, aber sexy" des ehemaligen Berliner Bürgermeisters Klaus Wowereit anschließt. „Arm, aber sexy" und „Is mir egal", was für eine Haltung zu einer Stadt! Wäre die Stadt ein Mensch, und jemand vertröstete ihn ernsthaft mit diesem absurden Scheiß, fühlte sich dieser Mensch wahrscheinlich irgendwann nicht mehr gemocht und würde, so wollen wir hoffen, einfach weggehen. Da Berlin keine Beine hat, muss es bleiben und lässt alles über sich ergehen. Sind Sie täglich mit den öffentlichen Verkehrsmitteln im Berufsverkehr unterwegs, wissen Sie, wie schön es dort ist.

Im Winter brauchen Sie kaum was anziehen, Sie werden gewärmt. Dann kommt jede zweite Haltstelle jemand in den Wagen und singt nach besten Kräften einen Hit. Neben Ihnen isst jemand Döner und warum überhaupt gibt es keinen Bio-Döner? Ich kann im Bademantel einkaufen gehen und niemand dreht sich nach mir um. Ich kann laut singend U-Bahn fahren. Ich kann der Welt meine Meinung geigen.

Ich bin als Einwohner dieser Stadt mit knappen 17.000 Euro pro-kopf-verschuldet, aber is mir egal.

Ich gehe durch räudige Grünanlagen, ich wurde mit Spreewasser getauft, ich bin unantastbar, aber nirgendwo Bio-Döner. Da der Wandel von der Industrie- zur Dienstleistungsgesellschaft längst vollzogen ist, auch in Berlin, könnte man jetzt in dieser gleich folgenden außergewöhnlichen, das Leben angreifenden Situation nicht mal zu Mistgabeln, Schraubenschlüsseln und Radachsen greifen. Für den Angriff müssten Handys als physische Objekte genügen, was nirgendwohin führen würde. Die Sache ist nämlich die: Die BVG bewegt sich wieder nicht, wie sie sich – natürlich laut Fahrplan – bewegen sollte. Der Bus hat sieben Minuten Verspätung, eine U-Bahn fällt aus.

Erleben Sie das mal an einer Haltestelle, das geht von null auf hundert, direkt auf Höchstleistung, da denken Sie vielleicht hoffnungsfroh, dass nun endlich, endlich die große soziale Revolte beginnt, aber Pustekuchen, können Sie knicken. Da stehen dann haufenweise erwachsene Menschen, empört bis in die Haarspitzen, und benehmen sich, als hätten sie vergessen, dass sie schon groß sind. Ich war mal eine Weile in der türkischen Stadt Eskişehir, die auf der anatolischen Hochebene zwischen Istanbul und Ankara liegt. Ich wollte für ein paar Tage nach Istanbul und wartete auf den Zug, der von Bagdad kam. Nach einer halben Stunde fragte ich eine Frau, die dort ebenso wartete. Sie zuckte mit den Schultern und sagte, die Züge kommen, wenn sie kommen. Er kam vier Stunden später, was nicht schlecht sei, wie sie mir versicherte. Wir sind hier nicht in Eskişehir, klar. Wir sind auch nicht in Paris, Athen oder Madrid. Wir sind nur in Berlin, hier kommt gar nichts erst vier Stunden später, hier funktioniert alles im Takt, im Zeitmaß und vielleicht machen wir uns alle mal ein bisschen lockerer, üben uns in Gelassenheit, die ganz gut sein soll, weil wir auch nicht in der Mechanik einer jeden Morgen per Hand aufgezogenen Uhr leben. Etwas anders ist es mit der S-Bahn, die zur Deutschen Bahn gehört. Manchmal, im Winter, fällt sie ganz aus. Weil es schneit. Und mit Schnee im Winter hatte niemand gerechnet.

27.000 Fahrraddiebstähle *in 2022*

Nicht zu verschweigen ist, dass 27.000 Fahrraddiebstähle im Jahr 2022 zur Anzeige gebracht wurden. Ich hatte ein Fahrrad, das ich sehr liebte. Es hatte drei Gänge, was für dieses Berliner Flachland völlig genügt. Mein altes Fahrrad war gerade geklaut worden und ich brauchte dringend ein neues. Ich sah es durch Zufall in einem Schaufenster. Auf seinem Gepäckträger klemmte eine Gurke, auf dem Schild stand „Kiezgurke". Ich fuhr jahrelang damit, schloss es immer, wirklich immer ab, und irgendwann sah es sehr räudig aus, was mich darin bestätigte, dass niemand, wirklich niemand dieses Fahrrad klauen würde. Ich könnte also damit alt werden und irgendwann, wenn es meine Kräfte oder Koordination nicht mehr zuliessen, würde ich endgültig absteigen. Als ich eines Morgens in den Hinterhof kam, war er fast leer. Die Mülltonnen waren geblieben, drei Fahrradleichen lehnten an der Wand und die anderen dreißig Fahrräder, darunter meines, waren fort. Wie sich später herausstellte, sah es in den anderen Hinterhöfen der Straße genauso aus. Nun habe ich ein Schloss, das schwerer und mächtiger ist als alle Schlösser, die ich zuvor besaß. Nichts ist hier sicher, absolut gar nichts.

Mir wurde schon im Hausflur ein Sack Kartoffeln aus dem Kinderwagen geklaut.

Sie haben vielleicht längst abgewunken, kennen manches von dem, was Sie hier gelesen haben, aus anderen Städten, haben es woanders erlebt oder hörten davon? Ja, und? Macht ja nüscht, dit macht's ja nich bessa, oda? Berlin ist schließlich der Maßstab, die rauschende Metropole im märkischen Sand, der Koloss kurz vor der Ostsee. Uns gibt's nur einmal. Berlin ist der Olymp der miesen Laune, ein Kessel Hässliches. Wir kriegen alles klein, auch das Kleine. Wir können alles aufblasen, bis es vor Bedeutung zu platzen droht, auch wenn es gar nicht aufblasbar ist. Für einen einzigen Flughafen brauchten wir eine ganze Generation. Wir haben „Twin Towers" an die Spree gebaut, die so klein sind, dass sie nur kennt, wer mal vorbeikam. In Berlin geht alles und alles ist egal. Verbrennen Sie doch mal zeitgleich vor allen Botschaften Berlins eine Bibel. Interessiert keine Sau. Hier verspürt auch niemand, der die Pubertät verlassen hat, irgendeinen Druck, vor jedem Gang vor die Wohnungstür in den Spiegel schauen zu müssen: Es sehen eh alle irgendwie scheiße aus. Wir haben Hauptstadtfüchse und Hauptstadtnachtigallen und Hauptstadthonig von Hauptstadtbienen. Wir haben Berliner Luft in der Luft. Um uns wird ein Hype gemacht, der uns gar nicht gerecht wird. Wir sind viel besser, wir sind arroganter, als Sie denken, wir sind so von oben herab, über uns gibt es nur noch den Himmel. Wir sind einfach unglaublich, wir sind mega, wir sind ultra, wir sind ultimativ. Wer von uns redet, müsste innerlich explodieren.

Auf unseren Autos steht ein B wie Babymassagekurs, B wie Betonkopf, B wie Brause, B wie Bürgergeld.

Neulich erzählte mir ein Freund, er sei die Straße, in der er wohnt, entlanggelaufen und hätte zehn junge Menschen gesehen, er hatte sie gezählt, die alle nebeneinander mit dem Rücken zur Hauswand in einem Café vor ihren aufgeklappten Laptops saßen. Sie beobachteten aufmerksam die Angestellten der Müllabfuhr, die Tonne für Tonne, die sie aus den Hinterhöfen gezogen hatten, in den Müllwagen entleerten. Diese zehn jungen Menschen arbeiten sicherlich alle freiberuflich an Projekten, spielen Büro, alles flexibel, alles abrufbar, sie selbst sind natürlich auch jederzeit abrufbar. Nun hatten sie die Möglichkeit das eben Erlebte, nämlich Artgenossen gesehen zu haben, die einer körperlichen Arbeit nachgehen, sofort in ihren Erfahrungsschatz agil zu integrieren, auch wenn die Erfahrung nur eine angeeignete war und sie dennoch ihr Wissen über Arbeit fortan ganz anders bespielen können.

Wenn man so will, und ich will das, ist Berlin nichts anderes als ein Projekt. Wir sind das Projekt, wir machen es zu unserem Projekt, auch wenn wir die Grundschule schon hinter uns haben, jedoch die jahrelange Erfahrung von Projektwochen in die Entwicklung hineinbringen können. Alles Projekte: der Großflughafen, die Verschuldung, die Armut, die BVG, alles im Fluss, alles irgendwie der letzte Husten. Stellen Sie sich mal vor, wir würden in die Schweiz umziehen, also wir alle, komplett, ganz Berlin. Die würden uns, wenn wir überhaupt über die Grenze kämen, sofort wieder rausschmeißen. Wir stinken, nerven, haben kein Geld und wenn wir uns mal freuen, sagen wir: „Ick kann nich meckern". Mit

solchen Leuten will niemand zusammenwohnen. Neulich las ich davon, dass es in München keine Spatzen mehr gibt, weil die Stadt zu sauber ist, und Spatzen sich zu einem nicht unerheblichen Teil von Müll ernähren. Liebe Spatzen – in dieser emotional-aufgeladenen Situation spreche ich nun direkt ein Tier an – liebe Spatzen, ich mag Euch sehr. Ich mag Eure Zusammenrottungen, ich mag, wie Ihr mit Euren kleinen schönen Körpern sanfte Sandmulden bildet. Ich mag Euer helles, aufbrausendes Gezeter und ich mag, wie Ihr Büsche bevölkert und sie zum Klingen bringt.

Liebe Spatzen, eines ist klar: Ihr seid bei uns sicher.

Als ich vor einer Weile den Berliner Mauerweg entlangfuhr, hielt ich in einem Wendekreis. Der Mann, der gerade die Dinge, die vor ihm standen, begutachtet hatte, sagte: „Wat sind 'n dit für Penner! Allet wegwerfen, immer schneller, besser, weiter. Mann, Mann, wat für 'ne Scheiße!" In seinen Pupillen zündeten bei jeder Silbe, die er aussprach, kleine Wutraketen. Es war ein wunderbarer Morgen, die Sonne schoss die Schatten unserer Körper über die Straße und die BSR-Pritsche war beladen mit Möbeln. Er stand vor drei Sofas und zwei Stühlen und ich stand neben ihm. „Kiek Dir dit ma an! Könnt ick allet vakoofn! Darf ick aba nich, mach ick mich mit strafbar. Da kannste 'nen janzet Hochhaus mit ausrüsten!" Er zeigte mit weit ausladender Geste auf den Häuserblock hinter uns. Ich war noch ziemlich müde und nickte nur. Was sollte ich auch sagen? Die Sache war klar: Der Mann hatte Recht. So sahen wir eine Weile voller Verachtung zum Hochhaus hin, dann auf seine Pritsche und dann wieder auf die Möbel, die er noch aufzuladen hatte. „Na jut", sagte er, griff sich beide Stühle und warf sie zu den zwei Wohnungseinrichtungen auf die Ladefläche. Ein Freund von mir sammelt auf diese Weise Jugendstil-Stühle. Er kann, wie er sagt, diese schönen Stühle nicht auf der Straße stehen lassen. Eine Besonderheit sind allerdings die Matratzen. In Berlin schlafen die meisten Menschen auf solchen und weil die Entsorgung einer Matratze mühsam ist, stellen viele, die sich eine neue gekauft haben, die alte schlichtweg vors Haus. So lehnen tagtäglich zahlreiche Matratzen an Hauswänden, Verteilerkästen, Ampeln und Laternen. Dann kommt irgendwann einer vorbei und schreibt in Großbuchstaben etwas rauf. Dann kommen welche vorbei, die es fotografieren und die Fotos in den sozialen Netzwerken teilen und schon ist Berlin wieder geil, aufregend, bunt und wild. Eine Weile stand eine Matratze mit dem Schriftzug „ES GIBT ZU VIELE KÜNSTLER IN BERLIN" in der Stadt herum, was der absoluten Wahrheit entspricht. Das gleiche gilt natürlich auch für Studie-

rende, Hipster, hässliche Menschen und Menschen überhaupt. Ein paar Tage später war das Wort Künstler durch-
gestrichen. Es ist ein durchaus beliebter Sport, allen
Müll, der ansonsten zu einem Recyclinghof der Stadtreini-
gung gebracht werden müsste, schlichtweg vor die Haustür zu stellen. So spart man Geld und bildet einen Ort,
der wiederum von anderen aus der Nachbarschaft für
die Müllabladung genutzt wird. Wissen Sie was? Sie haben keine, wirklich absolut keine Vorstellung, wie viele
alte Röhrenfernseher es noch in Berlin gibt.

Die Berliner Stadtreinigung entsorgt jährlich 30.000 Kubikmeter illegalen Müll, der in der Stadt herumsteht.

Sicherlich macht dieser Müll nur einen kleinen Prozent-
teil des Geruchs dieser Stadt aus. Berlin stinkt, naja,
was soll's, Sie befinden sich schließlich nicht auf einer
Nordsee-Insel! Und wo es stinkt, sehen Sie Spatzen und
Hipster. Stellen Sie sich mal auf Spiekeroog einen der in-
fantilen Bilderbuch-Hipster mit neongelbem Schneean-
zug und Großmutters Kassengestell bei Windstärke 8 auf
einem dieser bescheuerten Klappräder vor – mit einem
Spatzen auf der Schulter. Wäre ja lächerlich, die gehören

dahin, wo es stinkt und voll ist und Röhrenfernseher rumstehen.

Als 2023 die Techno-Massenveranstaltung „Rave the Planet" auf der Straße des 17. Juni durch den Tiergarten zog, sagte der neu ernannte Kultursenator Joe Chiallo der Deutschen Presse-Agentur, er könne aus eigenem Erleben sagen, „wie geil das ist und warum das auch so richtig toll ist!" Vielleicht ließe sich von einem Senator, der immerhin für die Kultur verantwortlich ist, ein etwas kühneres Nachdenken erwarten, bevor er redet. Aber was soll's, es ist Techno, wir unterwerfen uns dem DJ, der Masse, und vielleicht ist das auch einfach nur geil und toll. Außerdem ist es Berlin, hier kommste mit Sprachkritik nicht weit, warum auch und wohin, da steht eh schon der nächste, der irgendwas quatscht. Hier geht alles und nichts muss, wir machen alles platt! Auf der Parade zum Christopher Street Day können Sie zwischen dem Wagen der FDP und dem Wagen von Zalando tanzen und sich einbilden, Sie könnten das auch in denselben Klamotten auf dem Parkplatz eines Discounters in Marzahn machen. FDP und Zalando wären ganz sicher nicht mit von der Partie. Ich bin sehr froh darüber, in einer Gegend zu wohnen, die genügend Freiraum bietet. Und doch ist dieser Kiez so eng umrandet, dass ich manchmal am Wochenende denke, okay, Ihr Zuckermäuse mit dem Glitzerkrams, irgendwie müsst Ihr in Euren Klamotten auch wieder

Straße des 17. Juni

BPM
CSD FDP
OHJE OHJE!

nach Hause kommen und am besten so, wie ihr gekommen seid. Hoffentlich gelingt es.

Der Berliner Dialekt ist so eine Sache. Ich kann ihn nahezu perfekt und diese Perfektion hilft hin und wieder – besonders, wenn ich Dinge will. Wir standen jahrelang auf der Warteliste für einen Schrebergarten. Als von dieser Liste ein paar Namen ausgelost wurden und uns mitgeteilt wurde, dass ein Garten frei wird, rief ich sofort bei der angegebenen Nummer an. Der Mann schnodderte seinen Nachnamen in mein Ohr und ich sagte sofort: „Juten Tach! Ick hab jehört, hier wird'n Jarten frei!" Am nächsten Tag sahen wir uns die Parzelle an, ich berlinerte vor mich hin und die Sache war geritzt. Das Berlinerische, das von der Linguistik als Metrolekt, als eine in einer Großstadt aus verschiedenen Dialekten entstandene Stadtsprache einsortiert wird, mag ich sehr. Ich bin damit aufgewachsen, überall wurde berlinert. Mir geht das Herz auf, kurz nachdem ich jemanden ein „Tach" entgegengeschmettert habe. Eine Begrüßung, die verdeutlicht, dass man zueinander gehört. Ein unsichtbares Brett wird verlegt, über das man jederzeit zum anderen gehen kann. Und diese Begrüßung wird nicht einfach nur gesagt, sie hat Geschwindigkeit und Wucht.

Hier bin ick! Tach! Allet schick?

Intelligent hört es sich nicht an, aber welcher Dialekt klingt schon intelligent? Für einen Garten hat es gereicht. Wer mittlerweile auf einen Schrebergarten wartet, wartet bis sonstwann oder sucht im Spreewald. Warten und Anstehen, das erlebt auch, wer nach einem Kita-Platz sucht. Als ich für meine jüngere Tochter nach einem suchte, gab ich es irgendwann auf, bei den Kitas vorbeizufahren oder dort anzurufen. In drei Jahren seien wieder Plätz frei. Wer also den Plan hegte, demnächst ein Kind zu zeugen, hatte es bereits angemeldet – oder die Kreuzberger Eltern behielten den wohlstandsverwahrlosten Nachwuchs so lange wie möglich bei sich. Eine andere Idee musste her: Ich ging vormittags mit meiner Tochter auf die verschiedensten Spielplätze in der Umgebung und sprach alle Kita-Gruppen an, die dort ebenfalls hingingen. Was für einen tollen Umgang die Erzieher, mit denen ich dann sprach, mit den Kindern hätten, wie zugewandt und liebevoll, noch nie erlebt so was, echt klasse. Naja, so ähnlich. Nach einem dieser Gespräche hatte meine Tochter einen Platz und glücklicherweise stimmte das meiste, was ich zu den Erziehern sagte. Nach der Kita folgten die Schule und natürlich Elternabende. Elternabende sind diese Veranstaltungen, die mancher Mensch besucht, weil ihm dort endlich mal jemand, auch für längere Zeit, zuhört. Andere nutzen die Zeit, um der versammelten Elternschaft ausführlich und ungefragt Erziehungsprobleme zu benennen. Es gibt Eltern, die kommen gleich zu zweit. So kann man dann, wieder zuhause, alles noch mal detailliert nachbereiten. Als ich in der Grundschule den ersten Elternabend besuchte, wurden wir, die anwesenden Eltern, zu der alljährlich stattfindenden kollektiven Reinigung der sanitären Anlagen eingeladen. Für einen sehr kurzen Moment freute ich mich über den brachialen Humor. War aber ernst gemeint. Und wer könne, die Lehrerin und die gesamte Schule würden sich darüber freuen, solle bitte außerdem dem Kind hin und wieder, alles würde hier so schnell wieder verschwinden, eine der kostbaren Rollen Toilettenpapier mitgeben. Früher, als alles früher war und noch nicht jetzt, hätte jemand empört gerufen: „Das ist ja der Gipfel!" Nun bildet man schlichtweg Bildungsgipfel. Da sitzen dann 1000

Menschen und sprechen zwei Tage lang über „die aktuellen Herausforderungen des Bildungssystems". Wenn etwas schon völlig im Eimer ist und niemand an einer Verbesserung interessiert ist, wird es Herausforderung genannt, was sicherlich kein guter Umgang mit der deutschen Sprache ist. Insbesondere, wenn bei dem letzten Bundesländervergleich die Berliner Viertklässler in dem Fach Deutsch schlecht abschnitten. Naja, sie schnitten eigentlich in allen Fächern schlecht ab. In Berlin fehlen Lehrer. Seit Jahren, Jahrzehnten. Wissen alle. Ist egal. Das ist wie Armut nicht sexy.

Sie brauchen einen neuen Führerschein, einen neuen Personalausweis, weil beides in Ihrem Portemonnaie war, das wiederum in der Tasche war, die nun einem anderen gehört. Also auf in die Verwaltung! Sie können sich natürlich auf dem reichhaltigen Onlineportal der Stadt Berlin die Zeit vertreiben und immer wieder denken, ist ja irre, dass alle, wirklich alle Termine für diese und die nächste Jahreszeit bereits vergeben sind. Sie können versuchen, mit dem Telefon einen Kontakt herzustellen. Sollte einer dieser Wege zu einem Ergebnis führen, haben Sie nun einen Termin in fünf Monaten in Lichtenberg, wenn Sie in Schöneberg wohnen, oder in Britz, wenn Sie in Pankow wohnen. Vielleicht gehört das auch alles zu einer Art Stadtmarketing und Sie sollen die Bezirke, die Sie noch nicht kennen, kennen lernen. So sitzen Sie also ein

HERAUS FORDERUNGEN
DES BILDUNGSSYSTEMS.

6

halbes Jahr später unter einem Kaninchenposter neben zwei Topfpflanzen und erleben die Berliner Gastfreundschaft. Kaninchenposter gibt es sicherlich auch in den Büros der Detmolder Stadtverwaltung, und überhaupt: nichts gegen Kaninchen! Und dann, das will ich nicht unterschlagen, geht doch alles sehr schnell. Ich war vor einer Weile bei dem Bezirksamt. Nachdem alles geregelt war, verabschiedete ich mich von der Sachbearbeiterin und fragte sie, im Türrahmen stehend, ob ich die Tür, die ich geöffnet vorfand, wieder schließen solle. Die Frau sah mich kurz an und sagte: „Seh ick vielleicht so aus, als würde ick dit beantworten?" Ich sagte nichts und ließ die Tür offen. Auf dem Weg zum Ausgang dachte ich, ich hätte sagen sollen: Gute Frau, bleib mit deinem Scheiß unter diesem verschimmelten Poster sitzen und verrotte. Der Luftzug möge deine Augen entzünden. Neulich erzählte mir ein Freund, dass er in einen BVG-Bus gestiegen sei und zu dem Fahrer gesagt habe: „Einmal bitte!" Daraufhin habe sich der Fahrer ein wenig aufgerichtet und gesagt: „Eenmal wat? Inne Fresse?" Zugegeben: Ich musste lachen. Ich habe eine Neigung zu dieser Schroffheit, zu diesem Anspruch, den Fleck, auf dem man sich befindet, lauthals zu verteidigen, als würde einem Schlimmes bei der Verwendung von Freundlichkeiten widerfahren. Als stünde da einer auf einem Gullideckel, der nur ihm, ihm ganz allein gehören soll, und schleudert nun alles an Derbheiten, was sich an einem unsichtbaren Seil befindet, in einem Radius von zwei, drei Metern um sich. Ich bin nicht frei davon und praktiziere es mitunter. Und bin ich woanders, und woanders ist da, wo Berlin nicht ist, bin ich jedes Mal irritiert über die Freundlichkeit, die mir entgegenkommt, und denke, na gut, zurückschalten, paar Gänge runter, raus aus dem Verteidigungsmodus, keiner greift an, die Gullideckel gehören allen, jeder darf auf ihnen stehen, ist okay. Wie gern wird behauptet, dass unter der rauen Schale ein liebenswerter Kern verborgen sei, eine sagenhafte Herzlichkeit, eine Zuneigung der besonderen Art und das alles nur eine Sache der unverstandenen Subtilität ist. Ach was, nie im Leben!

Wenn jemand mit einem Gartenstuhl nach Ihnen wirft, gehen Sie ja auch nicht davon aus, dass das eigentlich ein Akt der Liebe ist.

Und überhaupt: welche Schale und welcher Kern und warum subtil? Der Berliner Ureinwohner ist unfreundlich, schäbig und dem eigenen Arsch am nächsten. Und weil das zusammengenommen derart mies ist, hat irgend-

jemand diesen Quatsch mit der Subtilität in die Welt gesetzt und alle reden es nach, weil die Wahrheit ebenso räudig ist wie der Alexanderplatz.

Der Alexanderplatz ist so etwas wie der wachgewordene Alptraum eines bösen Städteplaners,

der davon ausging, dass Menschen etwas Natur oder wie man hier sagt „etwas Grünes" brauchen, und deshalb hat er nichts davon eingeplant. Mittlerweile stehen dort, in Beton eingefasst, umrundet von einem zehn Zentimeter breiten Gitter, in das der Regen abfließen kann, kleine zarte Bäume, denen man nur alles Gute wünschen kann. In schöner Regelmäßigkeit kommen Menschen auf die Idee, mehr Bäume zu pflanzen, weil Bäume – so habe man gehört – Schatten, Kühle und den Gemütern Gutes spenden, ganz von selbst, ohne Zuzahlung.
Eine Weile war jeder Bezirk innerhalb des S-Bahn-Rings, der nicht Mitte, Prenzlauer Berg und Kreuzberg war, nach und nach der letzte heiße Scheiß. Die Stadtmagazine tip und zitty schrieben Titelstorys über Moabit oder den Wedding, die dann nach und nach erst von Künstlern, dann von Studierenden, die währenddessen nicht studierten, und dann von Touristen heimgesucht wurden.

Bars und Restaurants öffneten, auf den Bürgersteigen standen schäbige Möbel, alles Projekt, alles im Fluss, alles irgendwie – Sie ahnen es – der letzte Husten. Easyjet und andere Billigflieger landeten seit Mitte der Nuller Jahre in der Stadt, spuckten Highspeed-Touristen aus und nahmen sie zwei Tage später wieder auf. Hinzu kamen die Angestellten jener großer Firmen, die ihre Zentralen in die Hauptstadt verlegten. Jede Firma wollte natürlich ernstgenommen werden und ohne Hauptstadtbüro am Nabel der Welt, am Zahn der Zeit konntest Du Deine Bude gleich wieder dichtmachen. Diese Hauptstadtbüromenschen wollten natürlich genau dort wohnen, wo was passiert. Und weil sie viel arbeiteten und viel Geld verdienten, wollten sie es auch ausgeben, am besten direkt vor der Haustür. Die Häuser, in denen die Hauptstadtbüromenschen wohnten – Sie verzeihen bitte diese unprofessionelle Zusammenfassung – wurden hin und wieder verkauft, saniert und wieder verkauft. Irgendwann gehörten die Häuser Briefkastenfirmen in Luxemburg, die sie in angeregter Regelmäßigkeit von Holding 3 an Holding 6 – beide im selben kleinen Haus in einer ruhigen Straße in Luxemburg, die Hauswand voller Briefkästen – überschrieben, obgleich Holding 6 längst liquidiert wurde. Mittlerweile bestehen selbst die Hausverwaltungen nur noch aus einer Adresse, einer Homepage und einem Anrufbeantworter. Als wir Ärger mit unserem Vermieter hatten, von dem wir nach mehreren Verkäufen des Hauses nicht genau wussten, wer er überhaupt ist, gingen wir zum Grundbuchamt. Schließlich wollte die Rechtsanwältin wissen, wen Sie verklagen solle. Wir fanden heraus, dass die Firma in dem besagten kleinen europäischen Land vor einem Jahr liquidiert wurde, das Haus juristisch keinen Eigentümer hatte und wir die Miete also wem auch immer überwiesen. Schließlich rührten sich dann aber von anderer Seite Juristen, die wen auch immer vertraten. Wir gewannen das Verfahren gegen wen auch immer und senkten rückwirkend die Miete. In den gentrifiziert-durchpürierten Kiezen leben jetzt nur noch Menschen in meinem Alter und Jüngere, die konsequent kein Wort Deutsch sprechen, weil sie in einem Jahr eh schon wieder weg sind und Berlin gerade aufregend und nur ein Baustein ihrer beruflichen Karriere sein wird und sie das WG-Zimmer an Freunde weiterreichen werden, die auch nur auf der Durchreise sind. Diese Kieze werden irgendwann, weil niemand mehr umzieht, heillos überaltert sein. Da werden wir dann auf den Sitzbänken unserer Laufhilfen sitzen, falls wir nicht in Altersarmut untergegangen sind, uns hin und wieder erheben, um denen zu helfen, die gerade hingefallen sind. Die Ladenflächen wurden von Unternehmungen übernommen, die sich Lädchen oder Fräulein Sonstwas nennen, als wären die 50er Jahre doch ganz schön gewesen, und Dinge anbieter, die man kauft, wenn man schon alles hat, und trotzdem weiterkaufen will.

Alle anderen Geschäfte sind längst weg, verschwunden im letzten Jahrtausend.

Wenn unsere Kinder mal in eigene Wohnungen ziehen wollen, aber in der Nähe Berlins bleiben wollen, ziehen sie halt auf einen Campingplatz und gentrifizieren den Campingplatz. Ich vermisse so manche, die plötzlich verschwunden waren. Wo ist die Frau, die quer über den Spielplatz zu ihrer Tochter brüllte: „MELISSA, Abmarsch! Mutti muss piss'n wie'n Elch!" und die Mütter mit den 2000-Euro-Kinderwägen zusammenzuckten, dann Minuten später in ihre Handys sprachen „Du weißt gar nicht, was ich eben erlebt habe." Wo ist der Typ, den ich manchmal morgens traf, der mir jedes Mal sagte, als wäre ich der, der es unbedingt mitgeteilt bekommen müsste, dass er sich „jetzt ma'n Kippchen anzündet". Wo ist die Gruppe von Männern und Frauen, die sich, nachdem alle für sie bezahlbaren Kneipen zugemacht hatten, bei Wind und Wetter auf einer Bank vor einem Kiosk trafen, bis auch diese Bierquelle dichtmachte? Vielleicht sitzen sie jetzt in Brandenburg an irgendeinem See vor dem letzten Getränkestützpunkt vor Polen und haben keinen Handyempfang.

„Fickzellen mit Fernwärme, Eingeborene des Betons" Womit der Dramatiker Heiner Müller die Plattenbauten der DDR und ihre Bewohner meinte, scheint bei dem Anblick der nördlich des Hauptbahnhofs entstandenen „Europacity" nicht an Gültigkeit verloren zu haben. Eine Weile warben Wandmalereien um neue Käufer. Abgebildet war eine junge Frau mit punkiger Frisur und einem Kaffee-Wegwerfbecher, aus deren Mund die Sprechblase „Coole Apartments" kam, was im Gesamtbild genau das Gegenteil mitteilte. Einige Häuser weiter die gleiche Frau mit der Sprechblase „Krass hier". Au weia, dachte man, wieviel Geld war zu welcher Werbeagentur geflossen, die das bis kurz vor der Abgabe vergessen hatte, und dann hatte der Firmenchef noch mal schnell überlegt, was er sich neulich eingebildet hatte, von den jungen Leuten auf der Straße gehört zu haben, und die Baufirma war begeistert gewesen. Ein Gebäude so ähnlich und so hässlich wie das andere. Es bedarf einer gewissen Leistung, so viele Wohnungen zu bauen und die komplette Gegend leer aussehen zu lassen, und ganz sicher sieht es in den Köpfen der Menschen, die sich das ausgedacht haben, ähnlich aus. Teile des Mauerweges, jenes Fahrradweges, der dem Verlauf der ehemaligen Berliner Mauer folgt, sind am Rand mit Häusern bebaut, die ebenso schlimm aussehen. Vielleicht steckt hinter all dem ein großer Plan, ausgedacht und umgesetzt von einem unbezahlten Typen mit Rattenfellmütze, der in dieser einen, ansonsten unbewohnten Etage der Fernsehturm-Kugel hausiert und voller Verachtung für die Menschheit den Untergang Berlins längst eingeleitet hat.

Die Schriftstellerin Kerstin Hensel eröffnet eines ihrer Gedichte mit der Zeile

„Marzahn frisst, säuft und kotzt Bulette."

und vielleicht ist damit auch schon alles zu Marzahn gesagt. Natürlich könnte jetzt irgendjemand darauf hinweisen, dass Marzahn einen schönen, wunderbar erhaltenen Ortskern hat. Aber wissen Sie, wenn alles mies aussieht, abgesehen von dieser einen Straße, und im Hintergrund, wohin man auch sieht, nur wieder die Plattenbauten emporragen, dann hat das keinen Anspruch auf Schönheit. Und doch ist der Bezirk Marzahn-Hellersdorf einer der grünsten der Stadt, weil in ihm die meisten Plattenbauten der Stadt stehen, vor jedem Haus ein Parkplatz zu finden ist, und der traurige Rest – was hätte man damit auch machen sollen – eben begrünt wurde. Was gibt's noch? Neukölln kennen Sie sicher vom Hörensagen. Das genügt, es ist genau so. Weißensee ist da, wo es bisher weder U- noch S-Bahn hingeschafft haben. Lankwitz da, wo noch nie jemand war, der dort nicht wohnt.

42

Spandau ist da, wo Spandau ist – mehr muss man dazu nicht wissen. Hamburg hat Pinneberg und wir haben Spandau, Spandau hat aber kein eigenes Kennzeichen. Spandau liegt kurz vor Berlin, bei Berlin, was alles nicht stimmt, schließlich ist es ein Bezirk wie jeder andere, aber irgendein inneres Feindbild brauchen auch wir, und Spandau hat zu wenig Kraft sich zu wehren. Nachdem wir den Prenzlauer Berg nach 1989 gemeinsam zu dem gemacht haben, was er heute ist, eine einzige Sozialstudie, haben wir uns den Friedrichshain vorgenommen, ihn ebenso Straße für Straße zerlegt und nun ist er, was er heute ist: das ultimative abendliche Ziel von Klassenfahrten. Zur Erinnerung: Im Schnitt leben in Berlin über 4100 Menschen auf einem Quadratkilometer. In dem Bezirk Friedrichshain-Kreuzberg sind es sogar 12.400 Menschen, die sich diese Fläche teilen dürfen. Dort lebe ich. In meiner Wohnumgebung gibt es Cafés, in denen niemand deutsch spricht, geschweige denn versteht, nicht mal die Bedienungen. Vielleicht ist das schon Weltstadt. Waren Sie mal Samstagnacht im Urban-Krankenhaus in der Notaufnahme? Es gibt nicht viele Orte in der Stadt, die diesen Unterhaltungswert haben. Die Unterhaltung bekommen Sie ganz umsonst, Sie müssen nur ein bisschen simulieren. Sie humpeln da rein, sagen, Sie hätten sich an einem Baum gestoßen und Sie haben stundenlang die beste Unterhaltung, die RTL2 in den

90ern versuchte, im Fernsehen zu simulieren und es nie schaffte, Authentizität herzustellen. Authentisch ist halt auch immer nur das, was Sie genau vor der Nase haben. Am Sonntag ziehen tausende auf dem Weg am Landwehrkanal an diesem Krankenhaus vorbei, Sonne tanken, ein bisschen Wind um die Nase. Dieser Weg müsste ob der Last der tausenden schon einen Meter tiefer liegen. In den Sommermonaten sitzen hunderte am Kanal, dicht an dicht, was mir nur in einem schlimmen Traum passieren würde. In den Parks der Stadt, in jeder verreckten Grünanlage, an jedem noch so stinkenden Gewässer stapeln sich – Decke neben Decke – Menschen, als wäre es die einzige Möglichkeit der Freizeitbeschäftigung unter freiem Himmel. Brandenburg ist groß und weit und fast leer und verfügt, wie Sie wissen, über einen langen, weißen Strand aus Quarzsand, hohe Berge und im Süden über eine pittoreske Hügellandschaft. Mit der S-Bahn ist es nur eine halbe Stunde entfernt und selbst zu Fuß kommen Sie hin. Was ist daran so schwer? Manchmal, an lauen Sommerabenden schallen die internationalen Hits der Popmusik durch meinen Hinterhof, einer schlimmer als der nächste. Diskussionsrunden, Streitigkeiten, das Baby, das schreien gelassen wird. Die Frau von schräg gegenüber bekochte eine Weile ihren Freund und dann nicht mehr. Die Küche wurde zu einem Raum, in dem nur noch selten Licht brannte. Nun bekocht sie

LANDWEHRKANAL

ihren Freund wieder in der Küche. Es ist dieselbe Küche, ein anderer Freund. Frühmorgens kommt die Müllabfuhr und die Leerung der Glascontainer scheint wie immer eine Ewigkeit zu dauern und ich bin mir sicher, dass sie extra lange braucht. Die Müllabfuhr, da bin ich mir auch ganz sicher, hasst uns. Nun denken Sie vielleicht: Alles schön und gut, aber nicht mein Problem. Ich lebe in einem der Außenbezirke, mich begrüßen schon morgens die Vögel im Garten oder auf dem Balkon und die Ruhe in der Nacht gleicht einer kompakten Stille, dass ich denke, ich sei schon tot. Schön und gut. Machen Sie sich folgendes klar: Wir hier in der Mitte dieser Stadt, wir halten Euch den Rücken frei. Wir bündeln alles, was nicht gut ist, innerhalb der Tarifzonen A und B, wir kämpfen für Euch. Dafür müsstet Ihr uns eigentlich den Hintern vergolden. Würden wir hier verschwinden und alles stehen lassen oder aus freien Stücken abreißen und alle nach Köpenick oder Zehlendorf umziehen, würden die Sonnenuntergänge und die Nähe zum Wasser auch nicht mehr helfen. Könnt Ihr vergessen. Wir wären dann alle da. Wir würden aus Ruderbooten Currywurst und Döner verkaufen, hinter uns wäre Verwüstung und vor uns das nächste Grundstück. Eines Tages würdet Ihr freiwillig in den Prenzlauer Berg ziehen. Da wäre es still und leise und wir kämen bald wieder nach.

Touristen sind immer da, wir haben das ganze Jahr Hauptsaison.

Warum aber Männergruppen extra aus Meppen – ich habe nichts gegen Meppen – anreisen, um sich einen Nachmittag auf einem überdachten Bierbike zu betrinken, obwohl es in Meppen ebenso befahrbare Straßen und Bier gibt, und diese permanente körperliche Anstrengung als Höhepunkt des Wochenendes zu begreifen, will mir nicht in den Kopf. Horden junger Menschen reisen an, lassen es krachen, 'ne Kuh fliegen, hauen auf den Putz, machen Party. All diese Formulierungen sind derart beschissen, das hat die Sprache auch wieder nicht verdient.

Mit dem Slogan „Berlin ist eine Reise wert" warb die Stadt in den 50er und 60er Jahren um Touristen. Nun kommen sie. Sie sitzen in den ICEs, öffnen kleine Schnapsflaschen, setzen sich die Deckel der Flaschen auf die Nasen, kippen das Zeug runter und singen „Berlin, Berlin, wir fahren nach Berlin!" Haben Sie diese Drohung schon mal mit dem Wort Dresden oder Heilbronn gehört? Na eben! In Berlin bündelt sich die Gegenwart, in Berlin werden Trends gebacken, in Berlin ist alles so scheiße wie es schön ist, in Berlin ist der Geburtsort der Ambivalenz, der Geburtsort der Unfreundlichkeit. Wir versenken hier jedes Jahr Tonnen von Leihfahrrädern in den Kanälen und Flüssen, über die mehr Brücken führen, als Venedig zu bieten hat. In Venedig fallen die Brücken auch nur auf, weil sie schön sind. Sie fahren also Zug und singen „Berlin, Berlin, wir fahren nach Berlin!" und ich denke, kommt bloß nicht in meine Straße! Aber sie kommen. 2022 übernachteten über 10 Millionen Gäste in offiziell zählbaren Berliner Betten. Touristen sind innerhalb des S-Bahn-Rings einfach überall. Sie stehen schon morgens in Gruppen vor dem Haus, in dem ich wohne, und hören sich an, was die Stadtführung erzählt. Sie betrachten mich neugierig, denn schließlich bin ich ein Berliner Original, was auf meiner Stirn steht, einer von denen, die in dieser sagenhaft abgefahrenen Straße lebt, einen Schlüssel zu dem Haus hat, vor dem gute Menschen Urban Gardening betreiben und diese Straße schöner gemacht haben. Touristen treiben die Preise nach oben, sie zahlen für den letzten Scheiß, sie finden auch einfach alles geil: Schnittlauch-Eis mit einem Hauch Salzkaramell, den psychisch Kranken, der sich schreiend den Bürgersteig zu eigen macht, die obdachlose Frau, die ihre Wohnung in einem Einkaufswagen vor sich herschiebt, den Müll, der herumliegt und natürlich die anderen Touristen, weil es immer schön ist, zusammen mit anderen dorthin zu sehen, wo alle hinsehen. Heranwachsende ziehen mit analogen Fotoapparaten durch die Stadt, fotografieren alles, wirklich alles, lassen es digitalisieren und stellen es zu den Millionen digitaler Bilder von Berlin in die sozialen Netzwerke, die auch nur noch sozial sind, weil sie jemand mal so nannte. Wie oft wurde Berlin bereits fotografiert? Sicherlich liegen wir irgendwo in der Mitte, zwischen New York und Detmold, obwohl Detmold nicht zu unterschätzen ist. Ohne Instagram und Tiktok wäre Berlin wahrscheinlich nur noch halb so geil.

Vielleicht ist Berlin auch nur ein pickliger Dauer-Adoleszenter, der weiß, dass Mama und Papa den Müll hinter ihm wegräumen, einer, der sich jeden dritten Monat neu erfindet und sich wundert, dass es nicht alle gut finden.

10 Millionen Touristen pro Jahr

Einer, der weiß, wie der Hase läuft, aber nie auf einer Wiese war.

Einer, der vom Bett aus beim Chillen die Welt überblickt und hin und wieder ein Selfie in die Umlaufbahn schickt. Einer, der diese dämlichen Verniedlichungsformen für alle möglichen Plätze verwendet: Kotti, Kutschi, Boxi, Schlesi, Nolli. Und Sie denken vielleicht schon wieder: Ach komm, das gibt's doch alles auch woanders!
Na klar, Sie haben ja immer noch Recht. Recht haben hilft hier aber nicht weiter, denn das macht Berlin auch nicht besser. Fahren Sie mal einen ganzen Tag lang mit der Buslinie M 41. Jeder Depp teilt Ihnen ungefragt seine Haltung zur Welt und der Weltlage mit, auch wenn da gar keine Haltung ist und auch keine Welt, nur die eigene, zusammengeschrumpft auf etwas, das in jede Hosentasche passt.
Fast 4 Millionen Zweibeiner bevölkern diese Stadt, was gegenüber anderen europäischen Städten wie London oder Paris ein wenig niedlich anmutet. Genauer sind es mittlerweile 3,85 Millionen. Allein im Jahr 2021 zogen mehr als 75.000 Menschen nach Berlin. Das ist, als ob ganz Lüneburg nach Berlin gezogen wäre. Berlin ist, falls das noch nicht klar ist, enorm wichtig, wichtiger

als jede andere Stadt in Deutschland. Was zum Beispiel würde Markus Söder ohne Berlin machen? Er müsste wirklich seine Fantasie bemühen, um sich ein neues Feindbild zusammenzuzimmern, das immer passt und bei Bedarf irgendwo hineingeworfen werden kann. Ach, was solls, Berlin ist ein bisschen wie die Deutsche Bahn, der FC Bayern München oder das Wetter: Es ist immer da und wirklich jeder hat eine Meinung dazu. Selbst der gemeine Brandenburger. Stellen Sie sich mal in das Oderbruch in irgendeine Kneipe, falls sie noch eine offene finden. Ich fand eine, betrat sie und sofort beherrschte diese typische Western-Szene den Raum. Tür auf, Fremder kommt rein, alles verstummt, beobachtet den Fremden. Was tut er nun? Er bestellt „Ne Cola, bitte". „Wo kommste her", fragte der Mann hinterm Tresen. „Berlin" sagte ich und der Mann rief mit dröhnender Stimme: „Berlin" und dann, auch irgendwie amüsiert, dass er jetzt einen dieser Deppen vor sich hatte, rief er: „Ach du Scheiße!" und damit war dann auch schon wieder alles gesagt. Klar, Berlin ist da, wo es mehr Menschen als Mücken gibt, wo das Geld versickert, wohin der Nachwuchs abhaut und nicht wiederkommt, wo die Junkies die Regierung stellen und jeder macht, was er will. Berlin ist einfach verachtenswert. Das Berlin-Bashing aus dem Rest der Republik hat Tradition, aber wir hier, wir können es immer noch am besten. Wir sitzen im Material. Wir wüssten

auch gar nicht, woher wir sonst unser Selbstverständnis
nehmen sollten. Zuletzt hieß es vermehrt, Berlin sei
eine „failed Stadt", ein Verweis auf den politikwissen-
schaftlichen Begriff des „failded state", ein Staat, der
Rechtstaatlichkeit, Fürsorge und Sicherheit dem Bürger
gegenüber nicht mehr erbringen kann. Ach ja, jeder,
der das behauptet hat, hat auch schon mal Urlaub in Berlin gemacht. Alles halb so schlimm. Wir machen einfach weiter. Berlin hat keine Altstadt, dafür aber steile
Visionen von Architektur, nicht mal ein historisches
oder kulturelles Zentrum, aber nahezu 70 Einkaufszentren,

in denen einige über weite Flächen leer stehen. Im
Steglitzer Berlin Boulevard oder im Treptower Park-Center
könnten Sie Fußball spielen, würde keiner merken. In
den Neukölln-Arcaden hingegen verbringen Menschen ganze Tage. Ein Laufband, das direkt zur Sonnenallee führte, würde die Sache für viele erheblich erleichtern. Und
doch gibt es diese schwachsinnigen Gespräche, wer
seit wann in Berlin und genauer seit wann in welchem
Kiez lebt. Mir egal, scheiß der Hund drauf. Die Menschen,
die aus der tiefsten Provinz in den 80ern nach West-Berlin zogen und ihr Dorf mit im Gepäck hatten – davon
haben sich ganze Bezirke bis jetzt nicht erholt. Ich kann
doch niemanden für voll nehmen, der in einer Ernst-
haftigkeit, als wäre der Fortbestand einer Stadt in Frage ge-
stellt, in breitestem Schwäbisch etwas darüber erzählt,
wie dieser eine Bezirk – seiner Meinung nach – sein müsste, damit dieser Bezirk so bleibt, wie er schon immer
war. Nach 1989 passierte noch mal Ähnliches, als das
durch westdeutsche Subventionen am Leben gehaltene
Bollwerk West-Berlin und das verrottete Ost-Berlin, in dem
viele Straßenzüge aussahen, als läge das Kriegsende
nicht weit weg, zueinanderkamen. Eine angestrebte Fu-
sion von Berlin und Brandenburg zu einem Bundesland
wurde 1996 in einer Volksabstimmung von den Branden-
burgern abgelehnt. Klar, wäre ich ein Bundesland gewesen, hätte ich auch nicht mit Berlin in eine WG ziehen

53

wollen. Als sich dann in den 90er Jahren viele junge Menschen auf den Weg machten, um billig zu wohnen und auf diesem, wie damals oft gesagt wurde, „Abenteuerspielplatz" aufregend zu feiern, prallten diese neuen Bürger Berlins oft auf den Lokalpatriotismus derer, die im gleichen Alter waren und hier geboren wurden. Es war enorm wichtig – zugegeben: auch für mich – Abgrenzungen zu schaffen. Doch das ist alles kalter Kaffee aus dem letzten Jahrtausend. Berliner ist, wer hier länger als ein paar Monate lebt und hierbleiben will. Das genügt, es ist bescheuert genug.

Ich bin längst im Plural angekommen, bin längst eins mit vier Millionen.

Ich verteidige meine Stadt mitunter leidenschaftlich gegen andere deutsche Millionenstädte. Bei München lohnt es sich. Der Vergleich mit Köln ist ein bisschen egal, weil beide Städte gleichsam hässlich-schön sind. In den Vergleichen mit Hamburg werde ich schnell still. Neulich war ich in Hamburg und traf eine Freundin. Wir saßen am Elbstrand, aßen Pizza und sahen, wie der Wasserpegel stieg, das Licht nachgab, die Lichter der Hafenanlagen sich einschalteten und über uns hing der halbe Mond. Es war wunderschön und ich dachte irgendwann, warum, verdammt noch mal, lebe ich in Berlin? Wir haben die Spree mit lausigen Ausflugsbooten und die Dämmerungen merkt man kaum. Den Mond immerhin haben wir auch und um eine ähnliche Stimmung in mir zu erzeugen, nämlich, dass mir dieser kitschige und wie auf Knopfdruck ausgelutschte Gedanke kommt „Wie weit ist der Himmel und wie klein bin ich", dafür muss ich entweder raus aus Berlin oder auf das Tempelhofer Feld. Da stehe ich dann knietief in der Geschichte, auf dem Gelände eines ehemaligen Flughafens, auf dem während der Luftbrücke die Flugzeuge zeitweise im 90-Sekunden-Takt starteten und landeten. Auf einem Gelände, das im 18. Jahrhundert von Bauern aus Schöneberg als Ackerfläche und von der preußischen Armee als Manövergelände und Exerzierplatz genutzt wurde und nunmehr renaturiert für die Temperaturen in den Innenstadtbereichen enorm wichtig ist. Es ist einer der besten Orte Berlins und wenn ein Ort demokratisch sein kann, dann kann er es hier. Auf den Hundeauslaufplätzen und Sportflächen treffen die aufeinander, die sonst nach Kiezen voneinander getrennt sind. Auf den drei Grillflächen wird im Sommer täglich ein ganzer Zuchtbetrieb verzehrt. Es gab einen Volksentscheid mit dem Ergebnis, das Tempelhofer Feld so zu belassen, wie es ist. Es soll weder eine Verkleinerung noch eine Bebauung stattfinden und doch kommen in fröhlicher Gleichmäßigkeit immer wieder ein paar

030

B

erliner Fernsehturm

Hirnis auf die Idee einer Rand- oder Ganzbebauung. Geht doch einfach nach Brandenburg, baut verlassene Gebäude aus und kümmert Euch um den Handyempfang, da könnt Ihr noch richtig was verändern.

Berlin bleibt stabil, Berlin bleibt räudig, Berlin spürt nichts mehr.

Berlin ist das, wo andere Bundesländer bei dem Länderfinanzausgleich Geld reinstecken und nichts zurückkommt. Ihr, die Ihr hergezogen seid: Zieht nicht wieder weg, bleibt hier, bleibt bei uns, wir sind arm, wir sind sexy, Ihr könnt von uns lernen. Wir haben, das muss man auch erst mal hinkriegen, die Kaputtheit zur Geilheit emporgehoben, uns kann keiner was. Wir sind der Mittelfinger im Straßenverkehr, das Pöbeln an der Supermarktkasse, die ausgezogene Schulter im Berufsverkehr, wir sind umsonst, Ihr kriegt uns geschenkt, wir sind der normale Sound. Wir sind Stadtstaat, wir haben die Vorwahl 030 und wer A sagt, muss auch B sagen, B wie Berliner Motorenwerke, B wie Bundeshauptstadt, B wie Bulette, B wie Breitseite. Wir sind, zumindest in Bezug auf die administrativen Grenzen, die einwohnerstärkste Stadt der Europäischen Union. Sie können hier fast alle Nationalgerichte der Welt essen, aber die typische Berliner Küche, tja, weeß ick jetz ooch nich. Vielleicht Eisbein, Currywurst und Döner? Vielleicht Kartoffeln, Rüben und Gurken? Naja, das war's. Sie merken was, oder? Jenau, jibt keene, auch wenn jedes Jahr irgendein Spitzenkoch „unkonventionell" und „frisch" die traditionelle Berliner Küche auf kreative Weise mit irgendwas verbindet. Man kann, wenn gar nichts mehr geht, sich irgendetwas so lange schönkochen, bis man selber glaubt, dass es so ist. Trinken können Sie zu dieser Art von Küche Berliner Weisse oder Fassbrause, was ich Ihnen jetzt beides nicht erkläre, vergessen Sie es einfach wieder, es ist nicht wichtig. In manchen Kneipen, die den Wandel Berlins zur Metropole des 21. Jahrhunderts überstanden haben, erhalten Sie einen „Futschi", eine Mischung aus Cola und Weinbrand, die rein geschmacklich auf eine Form der Verwahrlosung hindeutet. Ein paar davon und Sie gehen steil, auf welchen Berg auch immer, gibt eh zu wenige. Dass in mehreren Bezirken Wein angebaut wird, ist der eigentliche Beweis, dass in Berlin fast alles möglich ist. Auf dem Grundstück der hessischen Landesvertretung wächst er auf 350 Quadratmetern, weil man sie sonst sicherlich mit der niedersächsischen verwechseln könnte. Auch auf dem Kreuzberg wächst Wein, schon seit 1450, immer wieder mal. Der heutige Wein wird zu offiziellen Anlässen verschenkt. Sollten Sie also eines hübschen Tages den goldenen Fahrradlenker des Teilbezirks Kreuzberg erlangen, bekommen Sie vielleicht dazu eine Flasche Wein in die Hand gedrückt. Niemand scheint zu wissen, wie er schmeckt, aber ganz sicher schmeckt er nach Berlin. Über diese Stadt kann man alles sagen und es stimmt alles. Berlin ist Projektionsfläche, Abfalleimer, Laissez-faire und Partyhimmel. Berlin ist Verheißung, Schockmoment, Normalität, Gewohnheit, Überraschung. Es gibt hier einfach alles und Sie bekommen alles zugleich. Berlin ist Überfrachtung, Nervensache und sozialer Breakdown. Berlin ist überinterpretiert, überanalysiert, überdurchdacht, völlig über. Was natürlich fehlt, ist Ruhe und Stille, aber das von einer Großstadt zu fordern, die sich selbst als Metropole verkauft, ist so ähnlich, wie wenn Sie morgens um vier bei völliger Windstille im Wattenmeer auf einem Fischkutter stehen und denken, boah, hier is überhaupt nüscht los. In Berlin müssen Sie sich zumindest keine Lederhose oder Dirndl zulegen, kein Faschings- oder Fastnachtskostüm, um sich einigermaßen zu assimilieren. Sie müssen nicht warten, bis das Gegenüber nach der Einnahme von ein paar Kurzen ganz mühsam zu sprechen beginnt, und Sie werden nicht gleich eingemeindet oder ausgeschlossen. Sie sind Teil dieser Einwohner-Zusammenrottung aus fast vier Millionen Menschen, von denen die meisten nach Individualität streben, und Sie, gcnau Sie, ganz persönlich, vertrauen Sie mir, sind den meisten von uns scheißegal.

B

wie

Biografie

Björn Kuhligk wurde 1975 in Berlin geboren. Er erhielt zahlreiche Auszeichnungen, u. a. 2015 das Grenzgänger-Stipendium der Robert Bosch Stiftung, 2018 den Arno-Reinfrank-Literaturpreis und 2022 das Arbeitsstipendium des Berliner Senats. Zuletzt erschienen das Erinnerungsbuch „Überall Nachbarn – Wie ich auf dem Mauerweg das alte West-Berlin umrundete", bebra Verlag 2022, der Roman „Der Landvermesser", Edition Atelier 2022 und das Langgedicht „An einem Morgen im März", Hanser Berlin Verlag 2023.

www.kuhligk.com

Jakob Hinrichs ist das Kind zweier in Berlin aufgewachsener Eltern, die Mutter im roten Wedding, der Vater im bürgerlichen Lichterfelde, seine Oma wohnte lange Zeit in Moabit. Nach seiner Kindheit in Saarbrücken zog er Ende der 90er zum Studium an der Universität der Künste nach Berlin. Seitdem zeichnet und illustriert er, gestaltet Bücher und Graphic Novels, wie „Hans Fallada – Der Trinker", Aubau Verlag, 2015 und „Modern Cyclists – Erscheinungsformen einer innigen Beziehung", 2023, Favoritenpresse.

www.jakobhinrichs.com

„Ick hau' Dir uff'n Kopp, bis die Läuse
 piepen!" Berliner geflügelte Worte

mit einem Vorwort von Björn Kuhligk
und Illustrationen von Jakob Hinrichs
17 x 17 cm, 80 Seiten, Hardcover

ISBN 978-3-96849-036-6

Aus dem Tagebuch einer Ameise

von Kurd Laßwitz
umfangreich illustriert von Katia Fouquet
64 Seiten, Hardcover

ISBN 978-3-96849-090-8

Farben nicht wie im Original

Modern Cyclists – Erscheinungsformen
einer innigen Beziehung

mit einem Vorwort von Ingwar
Perowanowitsch

geschrieben und illustriert von
Jakob Hinrichs
17 x 21 cm, 160 Seiten,
Klappenbroschur
alle Texte in Englisch und Deutsch

ISBN 978-3-96849-092-2

**Weitere illustrierte
Bücher auf
FAVORITENPRESSE.de**

IMPRESSUM

© Favoritenpresse, Berlin 2024
Alle Rechte vorbehalte, Weiterverarbeitung und Vervielfältigung nur mit ausdrücklicher Genehmigung des Verlags.

Es erscheint eine Vorzugsausgabe mit der
ISBN 978-3-96849-125-7

© für den Text: Björn Kuhligk
www.kuhligk.com

© für die Illustrationen: Jakob Hinrichs
www.jakobhinrichs.com

Gestaltung: Jakob Hinrichs

Druck vermittelt durch Couleurs Print & more GmbH,
gedruckt in Europa

Mehr Informationen zum Verlagsprogramm:
www.favoritenpresse.de

ISBN 978-3-96849-119-6